LA SITUATION.

LA SITUATION.

Elle est si triste, que personne n'ose l'envisager en face. Chacun se désole, tous les cœurs sont brisés, toutes les âmes malades, tous les intérêts compromis, toutes les familles, tous les individus atteints dans leurs affections et dans leur destinée! Chacun sent que la patrie a fait naufrage et qu'elle est sans pilote!...

Ah! si une noblesse étique et un sacerdoce sans patriotisme n'avaient pas pour chef Henri V et pour symbole le drapeau blanc;

Si des bourgeois égoïstes, étrangers à l'histoire politique et impuissants dans l'action, n'avaient pas pour marotte la monarchie quelle qu'elle soit, despotique, constitutionnelle ou impériale;

Si le paysan n'était pas si obtus et l'ouvrier si envieux, si jaloux, et la dupe des partis qui le paient;

Si les partis n'étaient pas si besogneux, si cupides, si thésauriseurs, si glorieux, si pleins de vices, et qu'il y eût un peuple en France, ah! la France serait un beau et grand pays!...

Malheureusement pour elle, une puissance la domine : c'est l'idiotisme! Oui, dans cette nation progressive, l'idiotisme triomphe!...

Elle a eu la bonne fortune d'avoir, il y a plus de deux siècles, un grand ministre et un grand roi : Richelieu et Louis XIV, qui ont fait un corps de ses provinces, et un Français du Gascon, du Normand et du Breton.

Aujourd'hui, la passion des provinces et des sectes politiques, consiste à briser cette unité et à refaire des provinces, des Gascons, des Normands et des Bretons! Paris serait une île dans la nation, un territoire à part, habité par la tribu des Lutéciens! Il aurait son gouvernement, sa commune; toutes les villes et tous les bourgs de France auraient aussi leur gouvernement et leur commune. Puis ces communes fédérées auraient une Diète qui traiterait les intérêts généraux de la Confédération. Le moyen-âge serait ressuscité! Telle est la combinaison sublime éclose dans les cerveaux des bourgeois du nord et du midi et dans la caverne du parti socialiste, qui vient de se montrer ce qu'il est en réalité : un parti sans patriotisme, sans nationalité, sans pudeur, servi par des traîtres et illustré par des escrocs, des voleurs et des assassins!

La France a aussi la bonne fortune d'être un peuple uni par ses mœurs, par ses traditions, par sa langue; de posséder un territoire comme n'en possèdent ni l'Angleterre, ni la Hollande, ni la Belgique, ni même l'Italie; et le peuple qui l'habite n'a pas su le défendre! Le Marseillais a promené le drapeau rouge sur les allées de Meillan et dans la Cannebière, en hurlant la *Marseillaise*, criant : Mort aux ennemis! sans qu'il soit sorti un vrai soldat de ses bataillons! Le Lyonnais, toujours insensé dans les crises politiques, l'a imité des Terreaux à la Croix-Rousse, sur les quais de la Saône et du Rhône, sans qu'un seul de ses volontaires ait secouru Metz et Paris investis! L'Auvergnat, immobilisé par son avarice, ruminant sur le sort de ses champs, au sommet de ses plateaux volcaniques, n'est arrivé sur les rives de la Loire que pour y jeter ses armes! Chacun veut être de sa province, de sa ville, de sa commune. Chacun tient à son logis et peu à la France. L'égoïsme des paysans, des citadins, des provinciaux, de ces anciens révolutionnaires, qui, à la fin du dernier siècle, se donnèrent une Assemblée constituante, qui légiféra pour le genre humain, en a fait des insulaires! Ils ont une telle horreur de la centralisation, qu'ils ont causé le naufrage de leur patrie. Tous se sont complus à devenir la proie de l'Allemand!

Prussien naïf, tu as borné ton ambition à leur arracher l'Alsace et la Lorraine, quand ils eussent accepté sans vergogne la servitude de tes mains glorieuses. Merci, généreux Guillaume, libéral de Bismark, d'avoir épargné cette honte aux tribus sans honneur qui végètent et meurent sur ce sol, qu'on appelait autrefois la patrie des Franks, celle des hommes libres !

Peuple insensé, secte misérable, oublieux de l'histoire militaire et politique de la nation française, comment ne se souviennent-ils pas que la France n'est devenue un état puissant que par sa centralisation, et que les Allemands n'ont triomphé de lui que par la victoire remportée en Allemagne par la centralisation militaire et politique sur son antique séparatisme?

N'est-ce donc pas assez de compter dans son sein mille foyers de divisions, des Légitimistes, des Orléanistes, des Impériaux, des Républicains, des Socialistes, des Internationaux, des Communistes, et pour servir toutes ces causes et tous ces pouvoirs, des confréries d'intrigants, des associations de coquins, des armées de misérables, qui se décorent du nom de patriotes et d'hommes politiques?

N'est-ce pas assez encore d'être, à la place d'un Etat organisé, un Etat anarchique? D'y rencontrer tant d'hommes qui ont perdu le respect de la loi, tant de créanciers sans action sur leurs débiteurs, et tant de débiteurs sans devoirs vis-à-vis de leurs créanciers, sans compter sa dette énorme envers un peuple qui exécute ses débiteurs à coups de canon?

Déjà les intrigants de tous les partis sont en campagne pour frayer la voie aux chefs dynastiques de la main desquels ils espèrent recevoir davantage. Les débris de la vieille noblesse et les ultramontains mettent en avant Henri V et le drapeau blanc; les d'Orléans sont aux portes de Paris, attendant l'heure de la fortune; les Impériaux, qui ne peuvent s'accoutumer aux amertumes de la chute et au mépris dans lequel ils sont tombés, conspirent la restauration de Napoléon III, avili dans l'opinion publique; les Républicains, dont le parti se compose de sectes antisociales, s'affaissent sous le poids de leurs fautes; les Socialistes, qui sont sans loi, sans honneur et sans patrie, font la guerre civile à la nation; si bien que dans cette tempête, la France est dans la situation d'un vaisseau démâté, gouverné par les vents, poussé sur les rochers, qui, si il les touche, va sombrer dans un épouvantable naufrage!

Un roi! un roi! tel est le cri qui sort de toutes les poitrines!...

Hélas! s'il suffisait d'un homme pour sauver la situation, on risquerait d'en trouver un encore; mais un homme ne referait pas la monarchie!...

Ce qui constituait la monarchie, c'était d'abord, un sacerdoce aristocratique, qui par le prestige de sa puissance, gouvernait les mœurs des individus, et disciplinait leurs actions pendant le cours de leur vie. Il gouvernait pendant la vie et après la mort, des hommes esclaves de leurs croyances! c'était ensuite une aristocratie territoriale, qui commandait les armées, administrait les provinces, rendait la Justice, percevait les impôts pour le Roi; et enfin un peuple, qui vivant plus de coutumes que de droits, craignait le curé, l'intendant, le comte et le Roi!

Qu'avons-nous fait du sacerdoce? ce qu'il est aujourd'hui: un pédagogue, qui apprend le catéchisme aux enfants; un maître de plain-chant; le confesseur

des demoiselles; l'impuissant avocat d'une société
devant la Justice de Dieu! Son influence est des plus
limitée, s'il coopère à la conservation des bonnes
traditions et des bonnes mœurs, il ne coopère plus
qu'accessoirement au gouvernement de l'Etat! Il n'est
plus un ordre; ce n'est plus qu'une corporation de
Pasteurs. Chose extraordinaire, dans ce rôle qui est
en partie celui des Pasteurs des églises réformées, le
prêtre ne sait plus parler aux hommes! Il ne leur dit
rien du travail, de la famille. Il est muet sur le patriotisme! Il oublie les grands intérêts de la vie, pour la
gloire des dogmes, que ses auditeurs n'entendent
plus....

Et la noblesse qu'est-elle devenue? Ce qui en reste
est falsifié! Isolée dans ses châteaux, où en parade
sur le turf, elle demeure étrangère aux destinées de
son pays! Les rares rejetons, qui sont dignes de leur
tradition, sont dans l'armée, dans la diplomatie et
dans la politique. Mais leur rôle est individuel. Il n'est
pas supérieur à celui du parvenu. Ils font partie d'une
hiérarchie nouvelle, dans laquelle ils ont un rang, et
c'est tout!

Donc une monarchie est impossible. Le Roi serait
sur le trône dans la situation d'un arbre sans racines!
Il ne s'appuierait sur rien et vivrait en l'air, jusqu'à
ce qu'un coup de vent l'ait renversé!

Mais, dit-on, et les constitutions, et les hiérarchies,
n'est-ce donc rien? Voici les appuis et les tuteurs des
Rois modernes!

Les constitutions ne valent quelque chose qu'autant qu'elles réfléchissent les institutions sociales. Elles n'ont un corps et un âme qu'autant qu'elles sont faites à l'image de la Nation. Or quelles institutions avons-nous aujourd'hui? aucune qui ait quelque valeur.

Ah! nous avons le suffrage universel! La belle invention politique! Chaque individu majeur, en France, élit ses conseillers administratifs et ses députés. La nation choisit ses représentants; elle fait ses organes représentatifs!

Je veux bien que ce droit, soit un fort beau droit; j'accorde même, que c'est un principe. Mais l'exercice de ce droit est-il, en fait, constituant? La souveraineté populaire en ressort-elle? Le peuple français, exerçant le suffrage universel, est-il un peuple souverain? Là est la question! Si ce peuple exerce réellement sa souveraineté, c'est un principe constituant. S'il ne l'exerce pas réellement, ce n'est pas un principe constituant. Il n'en n'est que l'apparence, et l'inscrire dans une constitution, c'est pendre une enseigne qui ment à ses promesses, et qui trompe ses chalands!

L'histoire de l'empire a démontré, que confier le droit de suffrage à tout homme, sans distinction, c'était mettre le jugement du pouvoir exécutif dans les mains de ses serviteurs, et lui assurer un bill d'indemnité pour ses fautes, pour ses injustices et pour ses caprices quand il convenait de rendre contre lui un arrêt de condamnation.

Le pouvoir napoléonien, si mal né, si corrupteur,

si sanguinaire, si violent, si injuste et si corrompu, tant qu'à son origine, les honnêtes gens comparaient la France à un vaisseau pris dans l'orage par des pirates et pillé après l'orage; quel organe représentatif l'a arrêté dans sa politique, alors que chacun était soumis, que le chef de pirates avait intérêt à ménager sa prise, et qu'il la ménageait en paroles, sinon en action? Sont-ce les communes de France? Il y avait là de trop petites gens. Sont-ce les conseils généraux? Les nobles, les grands propriétaires, qui les composaient, n'avaient ni le courage, ni la volonté de gêner même un préfet impérial dans ses sottises! Est-ce le corps législatif? Pour le juger, il faut l'avoir vu siéger! Des écoliers, soumis au régime des férules, sont des insurgés, comparés à ces petits garçons dont la France fit ses députés! Ce n'était ni une représentation, ni un corps, ni un être! Quand je les contemplais du haut des tribunes, je songeais à l'attelage de bœufs, que je voyais traîner des charriots sur les routes, et je trouvais l'attelage de bœufs bien supérieur à l'attelage des députés du suffrage universel, car les premiers portaient le joug sans fléchir, tandis que les seconds en étaient écrasés!

Pourquoi écrasés? Parce que ces députés, élus par le peuple, n'appartenaient ni à eux ni au peuple; qu'ils étaient les instruments serviles de la politique de leur maître, et non les mandataires de la nation. Soit par ignorance, soit par incurie, soit par suite de la dispersion du corps électoral sur un sol étendu, soit en raison de la médiocrité personnelle des éligibles, le corps électoral était impuissant à constituer un corps représentatif digne de ce nom. Aussi, ses membres puisaient-ils leur dignité dans la volonté impériale. Ainsi recrutés, la discipline était conservée parmi eux, par l'application pratique du système des peines et des récompenses. Ceux qui votaient avec le ministère, étaient récompensés ; ceux qui votaient contre, étaient punis ! Les premiers étaient rééligibles ; les seconds étaient rejetés dans l'océan obscur du corps électoral. Les fidèles, devenaient chevaliers, officiers, commandeurs de l'Ordre de la Légion-d'Honneur ; les indépendants portaient, vierge de toute distinction, l'habit terne du pékin. Parfois le souverain octroyait à l'un d'eux, un titre de noblesse ; c'est ainsi que Monnier de la Sizeranne reçut le titre de comte, pour prix de la motion convenue entre lui et de Morny, dans l'affaire du Mexique ! C'est pour ces causes, que ce corps politique, préférant son intérêt privé à celui du pays, a soutenu la guerre entreprise au profit de l'Italie contre l'Autriche, et celle engagée contre le Mexique.

C'est pour ces causes encore, que ces mêmes députés ont approuvé la politique impériale, dans le conflit austro-prussien, approbation qui leur a coûté l'Empereur, l'Impératrice, la dynastie napoléonienne, l'Alsace, la Lorraine, une indemnité de cinq milliards et l'expulsion de leurs siéges !

Que n'eussent-ils pas homologué d'ailleurs ? N'ont-ils pas voté la loi sur les coalitions ; celle du droit de réunion, contre la volonté générale !

Par conséquent le suffrage universel n'est pas souverain, ne fait pas ses enfants souverains. Ce n'est qu'un instrument dont jouent le pouvoir et les partis. Sous l'empire, ce fameux organe de la souveraineté nationale, a été muselé, subjugué et avili ! Sans indépendance et sans patriotisme, il a soutenu le pouvoir aux dépens de la nation, au lieu de tenir l'équilibre entre leurs intérêts. Il n'a constitué ni la monarchie, ni défendu la nation.

Donc cette institution, en dehors de ses autres inconvénients, est une institution réformable. Réformer n'est pas détruire !

Qu'importe, objectera-t-on ? Nous avons la liberté de la presse. Si nos conseillers et si nos députés font leurs affaires privées aux dépens du pays, la presse les châtie. Elle a ses organes en tous lieux, organes puissants, sonores, qui divulguent sans peur les fautes des politiques, et qui les contraignent à réparer le mal qu'ils ont fait. Cette institution compense, par le bien qu'elle fait, le mal occasionné par les fautes du suffrage universel.

Je ne nie pas la puissance de la presse sur le pouvoir et sur l'opinion ; mais cette puissance n'est pas si forte qu'on se l'imagine. D'abord elle agit par voie de propagande, et en dehors de toute coërcition. Elle est une autorité morale, et non une puissance réelle. De plus, cette puissance, qui devrait tirer sa vie et sa force de l'usage de la raison, et son succès de son patriotisme, est en guerre ouverte avec eux. Les hommes qui font leur profession du journalisme sont, pour les neuf dixièmes, des mercenaires soudoyés, soit par le gouvernement, soit par les partis. Recrutés dans la bohême littéraire, dans le champ desséché des boursiers de collége, parmi les transfuges des séminaires, des écoles normales, de l'université et du barreau besogneux, ces condotticres politiques sont sans probité et sans indépendance! Soit qu'ils défendent le pouvoir et la loi, soit qu'ils les attaquent, ils ne servent que les intérêts de ceux qui les paient. Ce sont les enfants et les petits-enfants de Figaro, les fils de l'intrigue et du hasard! Cachant leur servilité, sous le masque d'une indépendance simulée, ces hypocrites prêchent la doctrine de la liberté illimitée. Ils suspectent toutes les interdictions, ébranlent toutes les barrières, énervent les lois, paralysent la justice, proclament leur droit de faire impunément le bien et le mal, sous le prétexte mensonger qu'ils distillent à la fois le venin qui tue et le baume qui guérit les blessures qu'ils ont faites, comme les serpents des Tropiques! Aussi le citoyen qui sait lire, lit leurs écrits avec défiance, et leurs impostures ne trompent que les imbécilles. C'est déjà trop! Dans un grand pays, il y en a toujóurs une multitude! Par conséquent, la presse n'a qu'une puissance limitée; mais sur les personnes sur lesquelles elle s'exerce, son effet est très-dangereux. Aux uns, elle donne de fausses idées, des opinions malsaines, des passions malfaisantes; elle suscite dans les partis violents les émeutes, les insurrections, la guerre civile, tous les fléaux des états policés!

La presse n'est donc pas, dans la condition qu'elle s'est faite en France, le gardien du pouvoir, ni l'avocat de la nation. C'est une arme à deux tranchants, maniée par des mains malfaisantes, qui, loin de réparer le mal causé par le suffrage universel, l'augmente et l'aggrave.

Il y a du vrai dans ceci ; mais si le suffrage universel ne sait pas choisir ses tribuns ; si la presse détruit l'édifice politique au lieu de le consolider ; nous avons une institution préservatrice, qui nous garantit du despotisme du pouvoir, des insurrections populaires, et même des agressions guerrières des peuples ennemis ! C'est celle des gardes nationales. Quelle ingénieuse institution ! Ce sont les citoyens qui sont leurs propres sauveurs ! Voyez Lafayette au Champ-de-Mars et à l'Hôtel-de-Ville !... On est citoyen et soldat, épicier et caporal ! On fait les affaires de l'État en faisant les siennes ! Quoi de plus admirable ! quoi de plus républicain !

Hélas ! l'histoire contemporaine a détruit le préjugé des Français sur les gardes nationales, comme elle a détruit le préjugé qu'ils avaient sur l'excellence des fruits du suffrage universel et de la liberté de la presse. La garde nationale n'a été qu'une institution anarchique et impuissante. Elle n'a protégé ni l'orléanisme, ni l'empire, ni la France, ni Paris ! Partout elle a rendu ses armes ! et ceux qui les ont gardées, au lieu de les employer contre l'ennemi, s'en servent contre leur patrie ! La garde nationale a trahi toutes ses promesses et tous ses devoirs, et n'a servi de prétexte qu'à faire décorer les intrigants, qui surent se poser au regard du pouvoir, comme auxiliaires des dynasties ! Aujourd'hui, Paris est la conquête des gardes nationaux révoltés, et la France la proie des Prussiens !

. Par conséquent, le suffrage universel, la presse et les gardes nationales, ont trahi les intérêts qu'ils avaient le devoir de défendre, les libertés nécessaires, le contrôle du pouvoir exécutif, l'ordre intérieur et tous leurs devoirs. Ce sont des institutions condamnées qu'il importe de réglementer.

Le pouvoir est actuellement dans les mains d'une assemblée politique. Ce que vaut cette assemblée, je n'en sais rien. Je crains seulement qu'elle n'ait pas la vertu qui commande toutes les autres, le patriotisme. Sa conduite à Bordeaux a été pitoyable. Elle était là, presque sur la côte, loin du centre, provinciale, personnelle, anti-française. On ne sait pas bien les effets que produisent sur les intelligences l'habitation des lieux excentriques. Il est certain qu'elle est funeste. Les âmes y perdent l'équilibre ! L'homme du nord y apporte les préjugés du nord, celui du midi les passions de son climat. On n'y perd de vue qu'une chose, l'intérêt principal, l'intérêt national !

Le Gouvernement ne s'y est pas trompé. En face du concert discordant des députés provinciaux, il a défendu le centre, Paris, qui, hors des crises, équilibre tout ! L'assemblée ne l'a pas suivi ; elle s'est installée à Versailles. La plèbe, égarée par les sociétés secrètes, par les hommes de Blanqui, de Flourens, par les membres de la libre pensée et de l'Internationale, et par un monde de coquins internationaux, a pris sa place vacante. Ni la guerre civile, ni l'occupation prussienne, ni le malheur des populations occupées, n'ont arrêté l'usurpation de ces criminels. Leur action rend ses auteurs justiciables de la société qu'ils ont trahie; mais il est juste de reconnaître que l'assemblée, à son insu, a été la cause originelle de ce crime contre la patrie. Si elle avait concentré sa force militaire à Paris; si elle y eût été présente, des légions de citoyens l'eussent défendue, comme elles avaient défendu le gouvernement de la Défense nationale. Nous ne serions pas déchirés aujourd'hui comme nous le sommes, et dans l'hypothèse où ce déchirement eût été inévitable, il n'eût pas été aussi sanglant, ni aussi monstrueux qu'il l'est à l'heure présente! « Quand on veut dompter un cheval, il faut commencer par monter dessus. » C'était le mot de la situation. L'assemblée nationale doit se souvenir aujourd'hui qu'elle n'est ni du nord ni du midi, mais bien française; que sa place est à Paris, fût-ce même sur ses ruines! Qu'ailleurs elle ne serait rien, qu'une cause de discorde, une occasion de guerre civile!

Une fois rentrée dans Paris, sa mission consistera à réorganiser la France.

Je n'ai pas la prétention de lui imposer un programme, ni de lui dicter sa conduite. Ses lumières et l'état tragique dans lequel nous sommes doivent seuls l'inspirer! Si notre cruel destin n'a pas cette puissance, ce ne sont pas des hommes qui la composent, ce ne sont pas des patriotes, ni des sauveurs. Et cependant il importe qu'ils le soient pour reconstituer à la fois l'État et la nation.

Dans une crise pareille à celle que nous traversons, les fausses théories doivent disparaître, et la réalité prendre leur place.

Le souverain, en politique, ce n'est pas le peuple; c'est le délégué du peuple, qu'il s'appelle Empereur, Roi, Comité, Assemblée ou Président. Voici quel est le souverain.

Qu'elle constitue donc un pouvoir souverain. Les Français sont assez dégagés de l'Empire, de la Monarchie, pour qu'ils essaient d'un pouvoir républicain, pourvu que ce pouvoir soit obéi, comme l'est celui d'un dictateur. Si non le dégoût est tel, qu'il y a un mot effrayant, qu'on entend sortir des bouches de beaucoup de citoyens, et qui deviendrait un *deside-ratum* national : « Pour être gouverné ainsi que nous le sommes, nous préférons l'être par les Prussiens. »

Que l'assemblée nationale constitue donc un pouvoir souverain qui abolisse à la fois le suffrage universel et la théorie de la souveraineté du peuple.

Le droit électoral n'est pas un principe constituant. C'est l'exercice d'un droit, qui consiste à choisir les agents du pouvoir et les membres du gouvernement. C'est une participation relative à l'exercice du pouvoir, et c'est tout !

La limitation du droit électoral par le cens et par toute autre garantie sérieuse, enlèvera au suffrage universel ses éléments pervers, et à la théorie de la sou-

2

veraineté du peuple, l'assise légale sur laquelle elle s'étaie et prétend à tort se légitimer.

Dans un état bien constitué, ce sont les intéressés qui doivent gérer la chose publique, et les majeurs gouverner les mineurs. Le droit politique doit en ceci imiter le droit civil. D'autant plus que de pareilles lois ne sont pas injustes. Elles ne ferment pas la porte de l'électorat et de l'éligibilité à ceux qui se soumettent à l'accomplissement des conditions légales, et qui veulent obtenir par leur travail et par leurs efforts la jouissance enviable des droits politiques. Toutes les sociétés antiques ou modernes, constitutionnelles ou républicaines, ont possédé ces garanties. D'où vient donc que nous ne nous soumettrions pas aux lois de l'expérience, et que nous rejetterions les arrêts rendus par la sagesse des nations?

Le pouvoir politique et le droit électoral étant constitués, la presse doit être replacée sous l'empire des lois de presse de la Restauration, les seules qui aient été rédigées par un pouvoir de bonne foi et avec une logique qu'aucune loi qui les a précédées ou suivies n'a atteinte. La législation de l'Empire seule doit sombrer. Seulement je conserverais aux tribunaux de répression leur compétence sur les contraventions et les délits de la parole et de la presse, afin d'assurer aux lois répressives leur sanction. Je n'irais pas faire d'un jury, d'un civisme douteux, le juge craintif et arbitraire de lois qu'il foule aux pieds, et sur lesquelles il répand le mépris par ses faiblesses. Je conserverais au pouvoir les bénéfices des juridictions normales, régulières, instruites, en m'abstenant d'opprimer les hommes honorables qui remplissent ce devoir de défense sociale. Je ne m'arrêterais pas aux clameurs des organes de la presse, aux attaques des publicistes, au désir de la magistrature civile de se décharger de ce fardeau redoutable, ni aux critiques des avocats qui préconisent le jury et déchirent la magistrature, jusqu'au jour où, brûlant leur robe avariée, ils viennent sans vergogne s'emparer violemment des siéges frémissants de les sentir appuyés sur eux ! Une magistrature est une autorité sérieuse. Elle s'identifie avec la loi. Le juge est accoutumé à lui faire le sacrifice de ses opinions et de ses tendances, sachant qu'il n'est une puissance légitime et respectée, qu'en restant ce qu'il est réellement, l'organe de la loi ! Avec elle, le pouvoir est certain de ne pas subir des échecs moraux ; la société de ne pas être trahie dans ses intérêts. La véritable attribution du jury, c'est le crime, le complot, l'attentat, les faits monstrueux qui s'emparent des âmes et les contraignent à les condamner ! En enlevant à la magistrature ce rôle tutélaire, on la sacrifie aux préjugés, aux perfidies des journalistes, au dissolvant qui est le fond de l'influence du barreau français, aux délinquants, et l'on désarme à la fois le pouvoir et la société !

Quant aux gardes nationales, elles doivent se confondre dans la nouvelle organisation militaire. Une fois la nation enrôlée et armée, elle devient une institution inutile, car elle est noyée dans l'armée.

La nation armée, telle est en effet la réforme capitale dévolue à l'Assemblée nationale. Pour l'opérer, il lui faudra vaincre ses préjugés et ceux du pays. C'était une institution si commode que d'être affranchi du service militaire au moyen d'une armée, que les Français auront beaucoup de peine à adopter le système de l'armement général. Mais coûte que coûte, cette réforme est commandée par l'événement, car il s'agit pour nous d'être ou de ne pas être !

Nous nous étions trop désintéressés de la chose publique. Nous étions entrés en pleines voiles dans les voies du siècle. Nous trouvions avantage à labourer le champ, à rendre la boutique lucrative, à cultiver les arts, à jouir de la fortune acquise par de longs travaux et à savourer les délices de la paix ! Nous ressemblions aux Italiens du xvie siècle ! La fondation de la Caisse de l'armée nous avait conduit comme eux à acheter des mercenaires et à leur confier la garde de notre frontière et de notre drapeau !...

Mais Dieu n'a pas permis que les peuples puissent se désintéresser du soin de leur défense. Il a établi entre eux des rivalités, afin que ces rivalités engendrassent l'émulation, l'énergie, et que ce dualisme développât toutes les puissances dont il a doué la race humaine. C'est la leçon qu'il nous donne aujourd'hui : sachons en profiter. *Laboremus !*

Une nation armée constitue une force offensive et défensive de premier ordre, quand dans cette nation il y a, indépendamment de la landwher, une armée aguerrie, mobile, affranchie des liens civils et domestiques. C'est à nous qu'est dévolu le soin de la composer, de la combiner en dehors des contingents civils, dans des proportions en rapport avec les efforts que la nation française aura à faire dans les guerres qui éclateront en Europe. Car les victoires de l'Allemagne, gouvernée par la Prusse, engendreront des guerres nouvelles. Ce Gouvernement ambitieux et cupide ne saurait s'arrêter dans les voies qu'il suit. Déjà il convoite les possessions allemandes de l'Autriche; il veut battre le fer pendant qu'il est chaud et profiter de la faute commune à l'Autriche et à la France, de s'être divisées dans la défense de leur existence politique, quand les rivalités de ces deux Etats devaient se limiter à se combattre sur le terrain de leurs ambitions respectives. D'un autre côté, il est très-vraisemblable que la politique prussienne ayant été soutenue par le Gouvernement russe, elle ne soutienne à son tour la politique de la Russie contre l'Angleterre, en aidant celle-ci à confisquer l'Orient pour garder l'Europe pour elle-même. Ce sont là des plans et des rêves qui plaisent à l'imagination des politiques du nord de l'Europe. Ce sont ces imaginations, aussi bien que la politique actuelle et future du cabinet de Berlin envers la Saxe, l'Autriche, la Bavière et les princes mi-souverains de l'Allemagne, qui assureront notre revanche. Car aujourd'hui la Prusse a ouvert les portes du temple de Mars, et la paix qui se signe n'est qu'une fausse paix pour l'Europe. L'Allemagne est ainsi faite : elle reproche à la France son histoire, sa politique, son ambition, quand c'est à elle qu'elle devrait adresser ces reproches. Elle ignore donc son passé ! Qu'elle se souvienne qu'elle a toujours débordé hors de son territoire. La race italienne en sait quelque chose, ainsi que la Pologne et la France ! Nulle politique n'a été plus ambitieuse. Elle a tendu à remplacer, en Europe, l'Empire Romain. Les papes s'en souviennent, ainsi que les Provinces vénitiennes et lombardes. Il faut donc armer, faire des soldats et des généraux, susciter en France le génie militaire et la vaillance des troupes ; c'est là l'objet principal de la politique : tout autre est secondaire. La Russie n'attend pas pour armer ses flottes ; ses escadres cinglent déjà sur les eaux du Bosphore, et la semence des coalitions germe dans l'esprit des cabinets des puissances méridionales et occidentales et dans les vœux des peuples mutilés et menacés !

Et dire que si M. de Bismark eût tenu sa parole envers le souverain qui l'avait reçue, et eût restitué à la France les frontières de Louis XIV, qui avaient si peu de valeur pour la Prusse, que toute cause de conflit eût été éteinte entre les deux peuples ! La France et l'Allemagne fussent restées unies ! Elles eussent continué à développer leurs relations commerciales et scientifiques en bons voisins qui se plaisent à se rendre agréables l'un à l'autre. La Russie fût restée muette. Les dangers qui menacent actuellement l'Angleterre, la Porte et l'Autriche eussent été ajournés, car nulle envie et nulle haine n'existaient en France contre l'Allemagne. Nous ne sollicitons qu'une rectification de frontières, sollicitation nécessitée par l'ouverture que s'étaient ménagés sur notre territoire les coalisés de 1814 et de 1815. Nous aimions la simplicité et la loyauté du peuple allemand ; nous recherchions les travaux de ses historiens et de ses philosophes ; nous lisions ses poëtes avec délices ; nous étions les captifs d'Haydn, de Beethoven et de Mozart ; nous nous promenions sur les rives du Rhin, devant ses torrents, ses ruines et ses coteaux verts, heureux de sentir au fond de nos cœurs que les sentiments fraternels entre les races humaines n'étaient pas des sentiments sans réalité ! Tandis qu'en Allemagne toute la pédagogie civile et militaire, inspirée par l'orgueil prussien, évoquait le souvenir des guerres impériales et ressuscitait dans les générations nouvelles l'antagonisme des deux races, éteint dans le mouvement de la civilisation contemporaine. L'Allemagne, sous ce souffle malfaisant, rétrogradait dans le passé, quand, dans la quiétude présente, nous imaginions les rêves de l'avenir ! De plus, les hobereaux du Brandebourg, imputant à la nation française les vices d'une capitale cosmopolite, répandaient sur elle les plus viles calomnies. « C'est Sodome ! c'est Gomorrhe ! » Ils recevaient la mission de la Providence de châtier la race qui corrompait les peuples européens. Dieu les appelait à jouer le rôle d'Attila ou du feu du ciel ! « Vous êtes trop heureux que nous venions vous régénérer, disaient les officiers prussiens pendant la guerre aux gens de Clermont, ébahis ! » Tous Puritains rigides que je vois depuis un mois sortir ivres de nos cabarets ! L'occupation de nos campagnes et de nos villes a dû bien les désa-

buser de leurs préjugés, si l'orgueilleux est suscep-
tible de s'amender, quand ils ont vécu côte à côte
avec les familles laborieuses et attristées d'honnêtes
gens, debout devant ces héros du nombre, et sans
haine contre eux. Ils ont pu juger si c'était là l'atti-
tude d'hommes avilis, ou celle des rejetons de la
Grande Armée! Ils ont dû sentir que ces vaincus
avaient déjà été à Berlin et qu'ils étaient capables de
tenter d'y aller encore. Eh bien! c'est ce grand peuple,
ce peuple ami de l'Allemagne, ce peuple militaire, que
M. le prince de Bismark a fait ravager par des Allemands trompés ; c'est lui qu'il a chargé d'une indemnité de cinq milliards pour enrichir l'aristocratie allemande, et auquel il a enlevé l'Alsace et la Lorraine
pour en faire un ennemi forcé des Allemands du Rhin,
par suite de notre politique à venir, celle des reven-
dications. Voici sa politique, toute prussienne, anti-
allemande et anti-européenne. C'est pourquoi cet
homme d'État, honoré par la Prusse, me semble
devoir être détesté par l'Allemagne et par l'Europe,
qui sont aujourd'hui et qui seront demain les vic-
times de ses combinaisons machiavéliques.

Mais laissons ces vues rétrospectives. Le destin a
parlé. C'est désormais l'avenir qu'il faut envisager.

Les hommes politiques que les événements con-
temporains appellent à gouverner la France, ont un
grand rôle à jouer. Ils ont à reconstituer la France,
et à lui rendre les frontières de Louis XIV.

Les difficultés qu'ils auront à vaincre sont considé-
rables ; mais nous pouvons être encore une grande

force, malgré notre faiblesse momentanée. Il s'agit seulement de l'organiser. Quant à son emploi, la prévoyance et l'avenir nous en fourniront les moyens.

Mais pour vaincre ces difficultés, il est nécessaire que les députés français, ainsi que tous les hommes qui ont accepté ou qui accepteront un mandat politique, s'élèvent au niveau des circonstances. Ils le pourront, s'ils sont patriotes, c'est-à-dire si dans l'intérêt de la nation, ils se dégagent des liens de leurs partis. Car le principal obstacle au salut de la France, ce n'est pas le Prussien, ce n'est pas le Russe, c'est l'esprit de parti, l'union des partis contre les partis, leurs luttes hypocrites et malsaines, engagées dans l'intérêt apparent du pays, quand elles ne le sont que dans leur intérêt et dans leur égoïsme.

Ils le pourront s'ils renoncent aux utopies, aux plans imaginaires, aux *desiderata* de tous ces économistes du xix⁰ siècle, qui sous prétexte de faire le bonheur commun des membres de la société, désorganisent celle-ci et engendrent le malheur commun.

Il est temps d'être sérieux, et de prendre les choses telles quelles sont.

Nous avons énervé la religion, affaibli le sacerdoce, détruit l'ordre nobiliaire, décapité le roi et chassé ses successeurs; acceptons notre histoire. Soyons républicains !

Nous avons inauguré en France la liberté politique. Nous l'avons propagée en Europe, par l'exemple, par la guerre, conservons la liberté politique ! mais que notre respect pour elle, ne nous entraîne pas à faire du pouvoir un misérable eunuque. Précisément, parce que le gouvernement républicain n'est possible qu'à la condition que chaque citoyen obéira spontanément à la loi, il est nécessaire qu'il soit armé et qu'il triomphe des résistances individuelles ou collectives qui lui seront opposées.

L'opinion publique est rassasiée de révolutions ; le bon sens national a horreur des partis, et ce qu'il leur demande impérativement, tant le dégoût l'en obsède, c'est d'être nationaux, patriotes, unis, et que chacun d'eux foule sous ses pieds son utopie.

L'éducation publique réclame une éducation patriotique. La pédagogie actuelle ne fait ni des hommes ni des français. Elle isole chacun de la société. Tout adolescent qui sort de sa tutelle, ignore le monde dans lequel il entre, et les devoirs qui lui sont impartis. L'individu est isolé et sans lien. Il n'y a que la profession qui les fait naître. N'est-ce donc pas, dès lors, la charge des hommes politiques, de lui ouvrir sa voie naturelle et sociale, en faisant une obligation aux maîtres d'apprendre à chaque enfant, sans distinction de sexe, ses devoirs privés et ses devoirs publics, afin qu'il y ait entre tous les membres d'une même patrie, un ordre moral qui leur soit commun. Le sacerdoce fait bien cette œuvre pour les fidèles catholiques. Pourquoi un gouvernement ne l'imiterait-il pas ? La morale est semblable à la religion, toutes deux s'apprennent. Quand l'Etat aura donné à chacun de nous une règle, des principes et une foi commune, il pourra alors, sans danger, autoriser la liberté de l'enseignement. Tant qu'il aura négligé de le faire, la liberté de l'enseignement divisera ses enfants, au lieu de les réunir, et prolongera dans notre histoire, l'existence funeste des partis politiques. Si au contraire l'Etat entre dans la voie d'une éducation civique, identique, obligatoire pour tous, l'égoïsme familial et l'esprit de parti seront vaincus. La nation française sera replacée dans ses voies historiques, dans ses fins politiques, et son unité morale revivra !

La justice, considérée par les politiques comme la servante du pouvoir, n'en doit être que l'auxiliaire. Rejetée au second plan des pouvoirs publics sous le gouvernement impérial, elle doit être replacée sous la république au niveau des autres pouvoirs. Celui qui conserve tous les autres, est la Providence commune. Qu'on lui rende le respect auquel elle a droit, et que son corps ne soit plus souillé par l'invasion de ses ennemis et par la corruption de ses chefs. — Baroche est mort et ses créatures sont moribondes.

Alors la nation française, gouvernée par un pouvoir national, entrera dans une voie nouvelle. Comprenant que la liberté consiste dans l'obéissance volontaire aux lois et aux pouvoirs nationaux, elle recommencera sa vie et pourvoira à sa destinée. Ramenée aux règles, aux devoirs, elle ne s'épuisera plus dans les systèmes stériles de Gouvernement; elle acceptera, comme fondement de toute société, un pouvoir qui se fait obéir et une économie sociale, issue des efforts du travail. La propriété sera en honneur au lieu d'être conspuée; la famille honorée au lieu d'être discutée.

C'est là, nous avons cette foi, ce qu'il convient de fonder. Nous aimerions la voir partagée par nos concitoyens quels qu'ils soient. L'anarchie et l'utopie nous minent. Elles sont toutes deux mères des révolutions, des guerres civiles et de l'affaiblissement des peuples. Endiguer ces forces, les contenir par un pouvoir, par une justice et par une éducation fortes, tels sont les moyens politiques qui peuvent nous arracher à la morsure et aux poisons des serpents qui nous rongent. Que chacun y mette du sien : la collaboration dans une telle œuvre est commune. Elle exige de nous tous des caractères désintéressés et des âmes vaillantes. L'heure des guerres civiles et des défaites est propre à les former. Chacun sent au fond de soi qu'il faut élever son cœur pour de nouveaux destins. Les nations généreuses sont impérissables, et nul ne fera un crime à un Français de croire et de vouloir faire croire à ses compatriotes que son pays est immortel. Cette foi fondée, nous rejetterons l'Allemagne sur la rive droite du Rhin.

Mais, pour organiser le pouvoir politique et nos institutions, il faut avant tout vaincre les ennemis intérieurs. Les chefs de parti de la commune de Paris viennent de publier leur programme. Leur doctrine ne justifie pas leur crime. Les réserves qu'elle contient en font entrevoir d'autres. Car le but final qu'ils poursuivent, sous le prétexte d'un affranchissement général, c'est la suzeraineté des habitants des villes sur les paysans, et la ruine totale et définitive de la patrie !

C'est pour cette belle fin, que la guerre civile est

déclarée au gouvernement; que Paris est terrorisé; que son immense marché est fermé à la province; que nous grevons nos impôts d'un million par jour, à titre de subsides fournis aux Prussiens; que la chaumière du paysan, la chambre de l'ouvrier, la maison du bourgeois, sont occupées par les soldats de l'Allemagne; que le pouvoir est paralysé, et que l'atonie gagne toute la nation!... Car le pays tout entier, à l'exception des Versaillais, assiste à cet amer et sanglant spectacle en témoin aussi impassible que s'il regardait un duel privé entre le comte de Beust et le Prince de Bismark!

L'esprit en est confondu. Il se demande s'il vit dans le sein d'une nation civilisée ou dans un hôpital de paralytiques? Commune, Gouvernement, attaquez-vous, détruisez-vous, c'est votre affaire! Que Thiers règne, Delescluse ou Lododenski, Paris et la province y sont indifférents. — Les politiques nationaux et anti-nationaux sont traités comme des pestiférés!

Quelle épouvantable lassitude révèle cette conduite! elle effraie la raison et confond l'imagination! Les Gallo-Romains, conquis par les tribus barbares de la Germanie, étaient dans une prostation semblable à celle qui nous mine.

Ne nous ferons-nous pas honte à nous-même? N'en n'appellerons-nous pas au dernier germe de vitalité qui vit au fond de nos cœurs? N'appuierons-nous pas de notre concours armé ce gouvernement qui défend notre sûreté personnelle, la sécurité de nos foyers et l'existence de la nation? Que sont devenues ces légions qui sauvèrent le gouvernement de la Défense nationale ? Sont-elles donc évanouies dans l'océan d'indifférence qui nous submerge ? De grâce, Français, ne vous avilissez pas à vos yeux ni aux yeux du monde ! Défendez-vous et triomphez des aventuriers et de vous-même.

Provins, le 22 avril 1871.